Personal Expense Tracker

Month:			Year:
Date:	**Description Of Expense:**	**Payment Type:**	**Amount:**

Personal Expense Tracker

Month: **Year:**

Date:	Description Of Expense:	Payment Type:	Amount:

Personal Expense Tracker

Month:	Year:

Date:	Description Of Expense:	Payment Type:	Amount:

Personal Expense Tracker

Month: **Year:**

Date:	Description Of Expense:	Payment Type:	Amount:

Personal Expense Tracker

Month: **Year:**

Date:	Description Of Expense:	Payment Type:	Amount:

Personal Expense Tracker

Month: **Year:**

Date:	Description Of Expense:	Payment Type:	Amount:

Personal Expense Tracker

Month: **Year:**

Date:	Description Of Expense:	Payment Type:	Amount:

Personal Expense Tracker

Month: **Year:**

Date:	Description Of Expense:	Payment Type:	Amount:

Personal Expense Tracker

Month: **Year:**

Date:	Description Of Expense:	Payment Type:	Amount:

Personal Expense Tracker

Month: **Year:**

Date:	Description Of Expense:	Payment Type:	Amount:

Personal Expense Tracker

Month:			Year:
Date:	**Description Of Expense:**	**Payment Type:**	**Amount:**

Personal Expense Tracker

Month: **Year:**

Date:	Description Of Expense:	Payment Type:	Amount:

Personal Expense Tracker

Month: **Year:**

Date:	Description Of Expense:	Payment Type:	Amount:

Personal Expense Tracker

Month: **Year:**

Date:	Description Of Expense:	Payment Type:	Amount:

Personal Expense Tracker

Month:			Year:
Date:	**Description Of Expense:**	**Payment Type:**	**Amount:**

Personal Expense Tracker

Month: **Year:**

Date:	Description Of Expense:	Payment Type:	Amount:

Personal Expense Tracker

Month:			Year:
Date:	**Description Of Expense:**	**Payment Type:**	**Amount:**

Personal Expense Tracker

Month: **Year:**

Date:	Description Of Expense:	Payment Type:	Amount:

Personal Expense Tracker

Month:			**Year:**
Date:	**Description Of Expense:**	**Payment Type:**	**Amount:**

Personal Expense Tracker

Month: **Year:**

Date:	Description Of Expense:	Payment Type:	Amount:

Personal Expense Tracker

Month:			Year:
Date:	**Description Of Expense:**	**Payment Type:**	**Amount:**

Personal Expense Tracker

Month:			Year:
Date:	**Description Of Expense:**	**Payment Type:**	**Amount:**

Personal Expense Tracker			
Month:			**Year:**
Date:	**Description Of Expense:**	**Payment Type:**	**Amount:**

Personal Expense Tracker

Month: **Year:**

Date:	Description Of Expense:	Payment Type:	Amount:

Personal Expense Tracker

Month: **Year:**

Date:	Description Of Expense:	Payment Type:	Amount:

Personal Expense Tracker

Month: **Year:**

Date:	Description Of Expense:	Payment Type:	Amount:

Personal Expense Tracker

Month:			Year:
Date:	**Description Of Expense:**	**Payment Type:**	**Amount:**

Personal Expense Tracker

Month: **Year:**

Date:	Description Of Expense:	Payment Type:	Amount:

Personal Expense Tracker

Month:			Year:
Date:	**Description Of Expense:**	**Payment Type:**	**Amount:**

Personal Expense Tracker

Month: **Year:**

Date:	Description Of Expense:	Payment Type:	Amount:

Personal Expense Tracker

Month:			Year:
Date:	**Description Of Expense:**	**Payment Type:**	**Amount:**

Personal Expense Tracker

Month: **Year:**

Date:	Description Of Expense:	Payment Type:	Amount:

Personal Expense Tracker

Month: **Year:**

Date:	Description Of Expense:	Payment Type:	Amount:

Personal Expense Tracker

Month: **Year:**

Date:	Description Of Expense:	Payment Type:	Amount:

Personal Expense Tracker

Month: **Year:**

Date:	Description Of Expense:	Payment Type:	Amount:

Personal Expense Tracker

Month:			Year:
Date:	**Description Of Expense:**	**Payment Type:**	**Amount:**

Personal Expense Tracker

Month: **Year:**

Date:	Description Of Expense:	Payment Type:	Amount:

Personal Expense Tracker

Month: **Year:**

Date:	Description Of Expense:	Payment Type:	Amount:

Personal Expense Tracker

Month: **Year:**

Date:	Description Of Expense:	Payment Type:	Amount:

Personal Expense Tracker

Month:			Year:
Date:	**Description Of Expense:**	**Payment Type:**	**Amount:**

Personal Expense Tracker

Month: **Year:**

Date:	Description Of Expense:	Payment Type:	Amount:

Personal Expense Tracker

Month: **Year:**

Date:	Description Of Expense:	Payment Type:	Amount:

Personal Expense Tracker

Month: **Year:**

Date:	Description Of Expense:	Payment Type:	Amount:

Personal Expense Tracker

Month: **Year:**

Date:	Description Of Expense:	Payment Type:	Amount:

Personal Expense Tracker

Month: **Year:**

Date:	Description Of Expense:	Payment Type:	Amount:

Personal Expense Tracker

Month: **Year:**

Date:	Description Of Expense:	Payment Type:	Amount:

Personal Expense Tracker

Month:			Year:
Date:	**Description Of Expense:**	**Payment Type:**	**Amount:**

Personal Expense Tracker

Month: **Year:**

Date:	Description Of Expense:	Payment Type:	Amount:

Personal Expense Tracker

Month: **Year:**

Date:	Description Of Expense:	Payment Type:	Amount:

Personal Expense Tracker

Month: **Year:**

Date:	Description Of Expense:	Payment Type:	Amount:

Personal Expense Tracker

Month:			Year:
Date:	**Description Of Expense:**	**Payment Type:**	**Amount:**

Personal Expense Tracker

Month: **Year:**

Date:	Description Of Expense:	Payment Type:	Amount:

Personal Expense Tracker

Month:			Year:
Date:	**Description Of Expense:**	**Payment Type:**	**Amount:**

Personal Expense Tracker			
Month:			**Year:**
Date:	**Description Of Expense:**	**Payment Type:**	**Amount:**

Personal Expense Tracker

Month:			Year:
Date:	**Description Of Expense:**	**Payment Type:**	**Amount:**

Personal Expense Tracker

Month: **Year:**

Date:	Description Of Expense:	Payment Type:	Amount:

Personal Expense Tracker

Month: **Year:**

Date:	Description Of Expense:	Payment Type:	Amount:

Personal Expense Tracker

Month: **Year:**

Date:	Description Of Expense:	Payment Type:	Amount:

Personal Expense Tracker

Month:			Year:
Date:	**Description Of Expense:**	**Payment Type:**	**Amount:**

Personal Expense Tracker

Month: **Year:**

Date:	Description Of Expense:	Payment Type:	Amount:

Personal Expense Tracker

Month: **Year:**

Date:	Description Of Expense:	Payment Type:	Amount:

Personal Expense Tracker

Month: **Year:**

Date:	Description Of Expense:	Payment Type:	Amount:

Personal Expense Tracker

Month: **Year:**

Date:	Description Of Expense:	Payment Type:	Amount:

Personal Expense Tracker

Month: **Year:**

Date:	Description Of Expense:	Payment Type:	Amount:

Personal Expense Tracker

Month:			Year:
Date:	**Description Of Expense:**	**Payment Type:**	**Amount:**

Personal Expense Tracker

Month: **Year:**

Date:	Description Of Expense:	Payment Type:	Amount:

Personal Expense Tracker

Month: **Year:**

Date:	Description Of Expense:	Payment Type:	Amount:

Personal Expense Tracker

Month: **Year:**

Date:	Description Of Expense:	Payment Type:	Amount:

Personal Expense Tracker

Month: **Year:**

Date:	Description Of Expense:	Payment Type:	Amount:

Personal Expense Tracker

Month: **Year:**

Date:	Description Of Expense:	Payment Type:	Amount:

Personal Expense Tracker			
Month:			Year:
Date:	Description Of Expense:	Payment Type:	Amount:

Personal Expense Tracker

Month: **Year:**

Date:	Description Of Expense:	Payment Type:	Amount:

Personal Expense Tracker

Month: **Year:**

Date:	Description Of Expense:	Payment Type:	Amount:

Personal Expense Tracker

Month: **Year:**

Date:	Description Of Expense:	Payment Type:	Amount:

Personal Expense Tracker

Month: **Year:**

Date:	Description Of Expense:	Payment Type:	Amount:

Personal Expense Tracker

Month: **Year:**

Date:	Description Of Expense:	Payment Type:	Amount:

Personal Expense Tracker

Month: | **Year:**

Date:	Description Of Expense:	Payment Type:	Amount:

Personal Expense Tracker

Month: **Year:**

Date:	Description Of Expense:	Payment Type:	Amount:

Personal Expense Tracker

Month: **Year:**

Date:	Description Of Expense:	Payment Type:	Amount:

Personal Expense Tracker

Month: **Year:**

Date:	Description Of Expense:	Payment Type:	Amount:

Personal Expense Tracker			
Month:			**Year:**
Date:	**Description Of Expense:**	**Payment Type:**	**Amount:**

Personal Expense Tracker

Month:			**Year:**
Date:	**Description Of Expense:**	**Payment Type:**	**Amount:**

Personal Expense Tracker

Month: **Year:**

Date:	Description Of Expense:	Payment Type:	Amount:

Personal Expense Tracker

Month: **Year:**

Date:	Description Of Expense:	Payment Type:	Amount:

Personal Expense Tracker

Month: **Year:**

Date:	Description Of Expense:	Payment Type:	Amount:

Personal Expense Tracker

Month: **Year:**

Date:	Description Of Expense:	Payment Type:	Amount:

Personal Expense Tracker

Month: **Year:**

Date:	Description Of Expense:	Payment Type:	Amount:

Personal Expense Tracker

Month: **Year:**

Date:	Description Of Expense:	Payment Type:	Amount:

Personal Expense Tracker

Month: **Year:**

Date:	Description Of Expense:	Payment Type:	Amount:

Personal Expense Tracker

Month: **Year:**

Date:	Description Of Expense:	Payment Type:	Amount:

Personal Expense Tracker

Month:			Year:
Date:	**Description Of Expense:**	**Payment Type:**	**Amount:**

Personal Expense Tracker

Month: **Year:**

Date:	Description Of Expense:	Payment Type:	Amount:

Personal Expense Tracker

Month:			Year:
Date:	**Description Of Expense:**	**Payment Type:**	**Amount:**

Personal Expense Tracker

Month: **Year:**

Date:	Description Of Expense:	Payment Type:	Amount:

Personal Expense Tracker

Month: **Year:**

Date:	Description Of Expense:	Payment Type:	Amount:

Personal Expense Tracker

Month: **Year:**

Date:	Description Of Expense:	Payment Type:	Amount:

Personal Expense Tracker

Month: **Year:**

Date:	Description Of Expense:	Payment Type:	Amount:

Personal Expense Tracker

Month:			Year:
Date:	**Description Of Expense:**	**Payment Type:**	**Amount:**

Personal Expense Tracker

Month: | **Year:**

Date:	Description Of Expense:	Payment Type:	Amount:

Personal Expense Tracker

Month: **Year:**

Date:	Description Of Expense:	Payment Type:	Amount:

Personal Expense Tracker

Month: **Year:**

Date:	Description Of Expense:	Payment Type:	Amount:

Personal Expense Tracker

Month: | **Year:**

Date:	Description Of Expense:	Payment Type:	Amount:

Personal Expense Tracker

Month: **Year:**

Date:	Description Of Expense:	Payment Type:	Amount:

Personal Expense Tracker

Month: **Year:**

Date:	Description Of Expense:	Payment Type:	Amount:

Personal Expense Tracker

Month: **Year:**

Date:	Description Of Expense:	Payment Type:	Amount:

Personal Expense Tracker

Month: **Year:**

Date:	Description Of Expense:	Payment Type:	Amount:

Personal Expense Tracker

Month:			Year:
Date:	**Description Of Expense:**	**Payment Type:**	**Amount:**

Personal Expense Tracker

Month: **Year:**

Date:	Description Of Expense:	Payment Type:	Amount:

Personal Expense Tracker

Month: **Year:**

Date:	Description Of Expense:	Payment Type:	Amount:

Personal Expense Tracker

Month:			**Year:**
Date:	**Description Of Expense:**	**Payment Type:**	**Amount:**

Personal Expense Tracker

Month:			Year:
Date:	**Description Of Expense:**	**Payment Type:**	**Amount:**

Personal Expense Tracker

Month: | **Year:**

Date:	Description Of Expense:	Payment Type:	Amount:

Personal Expense Tracker

Month: **Year:**

Date:	Description Of Expense:	Payment Type:	Amount:

Personal Expense Tracker

Month: | **Year:**

Date:	Description Of Expense:	Payment Type:	Amount:

Personal Expense Tracker

Month: **Year:**

Date:	Description Of Expense:	Payment Type:	Amount:

Personal Expense Tracker

Month: **Year:**

Date:	Description Of Expense:	Payment Type:	Amount:

Personal Expense Tracker

Month: | **Year:**

Date:	Description Of Expense:	Payment Type:	Amount:

Personal Expense Tracker

Month:			Year:
Date:	**Description Of Expense:**	**Payment Type:**	**Amount:**

Personal Expense Tracker

Month: **Year:**

Date:	Description Of Expense:	Payment Type:	Amount:

Personal Expense Tracker

Month: **Year:**

Date:	Description Of Expense:	Payment Type:	Amount:

www.ingramcontent.com/pod-product-compliance
Lightning Source LLC
Chambersburg PA
CBHW030946240526
45463CB00016B/1973
* 9 7 8 1 7 0 4 5 8 6 6 4 9 *